DÉNONCIATION

CONTRE LA SOCIÉTÉ
DES BONNES ÉTUDES.

DÉNONCIATION

CONTRE LA SOCIÉTÉ

DES BONNES ÉTUDES

COMME AFFILIATION JÉSUITIQUE,

PAR S. DUCHATEAU,

EX-MEMBRE DE LA SOCIÉTÉ.

POUR SERVIR D'APPENDICE A LA DÉNONCIATION

DE M. LE COMTE DE MONTLOSIER.

PARIS,

MATHIEU, LIBRAIRE,

AU PALAIS-ROYAL,

ET CHEZ TOUS LES MARCHANDS DE NOUVEAUTÉS.

1826.

PARIS, IMPRIMERIE DE GAULTIER-LAGUIONIE, HÔTEL DES FERMES.

LETTRE

ADRESSÉE A L'AUTEUR PAR MONSIEUR LE COMTE
DE MONTLOSIER.

MONSIEUR,

J'ai lu avec attention votre écrit intitulé :
*Dénonciation contre la Société des Bonnes
Études.* Je n'ai personnellement aucune no-
tion positive sur cet établissement ; mais d'a-
près ce que vous en dites, j'en augure fort
mal ou fort peu... Je vous remercie, Monsieur,
du sentiment de bonté qui vous a fait vous
adresser à moi... Daignez agréer, avec mes re-
merciements, l'assurance de ma parfaite con-
sidération.

LE COMTE DE MONTLOSIER.

Paris ce 2 août 1826.

En recherchant soigneusement votre écrit,
il y a quelques nuances que je ne pourrais
concilier avec mes opinions : mais en tout, il
me paraît d'une bonne intention et pensé avec
sagesse.

AVANT-PROPOS.

Le seul désir d'être utile a produit ce petit écrit. Introduit dans la société des Bonnes-Études, j'ai vu tout ce que je rapporte. L'esprit jésuitique qui anime cette affiliation, les principes serviles et ultramontains qu'elle professe, ont révolté mon cœur ami des principes constitutionnels et gallicans. J'ai vu le piége, et je m'en suis dégagé. J'ai imité le ministre des cultes (Sa Grandeur me pardonnera de mettre ma conduite en parallèle avec la sienne), qui rompit avec la congrégation dès que sa conscience et son indépendance furent compromises. Non content d'avoir échappé au danger, j'ai cru de mon devoir d'en préserver les autres, et d'éclairer les pères de famille sur le régime d'une société qui tâche d'attirer à elle les jeunes gens pour les transformer de citoyens en jésuites, semblable à Circé qui changeait les hommes en vils animaux.

Au reste, je gagne de primauté ; je renonce formellement d'avance au titre d'associé, et n'attendrai pas qu'on me dise :

> ...Vetabo qui Cereris sacrum
> Vulgârit arcanæ, sub îsdem
> Sit trabibus .... (HORACE.)

Puisse mon exemple enhardir à une rupture ouverte tous ceux des affiliés qui détestent et méprisent, autant que je le fais, le joug qu'on leur impose !

S. DUCHATEAU,

ex-membre de la Societe des Bonnes-Études

DÉNONCIATION

CONTRE LA SOCIÉTÉ

DES BONNES ÉTUDES.

C'est avec raison qu'indigné des complots des ligueurs modernes, M. de *Montlosier* a révélé cette immense conspiration contre la religion, le trône et la liberté, et traîné les conjurés aux pieds de la justice, qui semblait les dédaigner ou les épargner. En dévoilant leurs horribles trames à la France épouvantée, ses cris accusateurs les ont cités devant un tribunal prévoyant, composé de juges qui, sans doute, n'attendront pas que le monstre ait grandi pour arrêter ses ravages, qui ne craindront pas de le frapper, quelque puissant et redoutable qu'il soit. Tout ce que

peut et doit faire uu simple citoyen, le noble
comte l'a fait : nouveau d'*Assas*, il s'est dé-
voué; il a crié : « Aux armes! voilà l'ennemi!»
et aussitôt il a senti les coups de l'ennemi.
Noble dévouement! coups glorieux! Il a marché en avant; je veux le suivre; je veux me
serrer contre lui; et, fort d'un tel chef, protégé par son bouclier, lancer les premiers
traits de ma faible main dans les rangs que sa
voix terrible a remplis d'effroi. Sa vue, plon-
geant de la hauteur du génie, embrasse la vaste
étendue du camp ennemi : je n'ai vu qu'un
seul corps d'armée dont je vais faire connaître
la position. Il signale, à grands traits, la naissance et l'agrandissement toujours croissant
de cette corporation menaçante, qui fait un
état dans l'état. Je m'arrêterai sur un point
qui n'a pas retardé sa marche rapide et fière.
Et comme dans tout procès criminel l'acte
d'accusation, en dénonçant l'ensemble du dé-
lit, renvoie pour les détails aux dépositions
particulières des témoins, dans l'attentat le
plus patent qui jamais ait mérité les poursuites
de la justice, je viens déposer, en qualité de
témoin, sur les circonstances parvenues à
ma connaissance; et sans crainte comme sans

animosité, je dirai toute la vérité, rien que
la vérité.

SOCIÉTÉ DES BONNES ÉTUDES.

Je dénonce *la Société des Bonnes Études*,
affiliation directe de la Congrégation, rameau
de l'arbre de mort implanté sur le sol de la
patrie. Elle a pris pour devise : « *Dieu et le*
« *roi.* » Mais, depuis la publication du *Mémoire
à consulter*, personne n'ignore dans quel sens
ces deux mots sacrés sont interprétés par
les confédérés. On sait qu'ils professent la doctrine de la suprématie des papes sur les rois,
et du pouvoir absolu des rois sur les peuples.
On reconnaît leur esprit dans l'organisation
de la *Société* dont le but prétendu est d'élever
la jeunesse dans les principes de la religion
et de la monarchie, et qui adopte cette sen-
tence du *Diario di Roma*, que la religion gallicane est une hérésie, et la monarchie constitutionnelle une anarchie. Cette fraction de
la secte, obéissant à la même impulsion, marche par le même chemin vers le centre commun. Seulement, les effets sont réels d'un
côté, tandis que de l'autre ils ne sont qu'en

espérance. La Congrégation recueille déjà les fruits des funestes semences qu'elle a jetées dans la France, lorsque la *Société* ne cultive que de jeunes plantes encore infructueuses. Ces invisibles tyrans, non contents de faire peser leur sceptre sur la génération mûre, épient la génération naissante, et l'attirent dans le piége pour lui donner des fers. Ce monstre à plusieurs têtes, acharné sur le présent, se prépare à dévorer l'avenir. Heureux qui pourrait lui arracher sa proie! Puissé-je du moins faire comprendre aux parents et aux enfants combien les promesses de la ligue sont trompeuses, combien son amitié est perfide, et sa protection oppressive!

RECRUTEMENT.

Je parlerai d'abord du recrutement de la Sainte-Milice : car les moyens d'embauchage ne manquent pas à ces conspirateurs privilégiés, qui cherchent leurs affiliés jusque dans les colléges. Je connais quatre colléges royaux, ceux de Marseille, de Bordeaux, de Lyon et d'Angers, où les aumôniers font un choix parmi les élèves les plus pieux en apparence,

et les réunissent en secret une fois par se-
maine pour remplir quelques actes de dévo-
tion mystique. Il n'y a jusque-là que moitié
mal : mais chacun des élus est chargé, en conscience, de surveiller la conduite d'un certain
nombre d'élèves de sa division, et de leur
rappeler leurs devoirs de chrétien; il doit
rendre compte, à chaque assemblée, des dis-
cours et des actions de ceux qu'il guide dans
le chemin du salut. Ce vil espionnage est dé-
guisé sous le nom de zèle pour la conversion
des pécheurs; et la confiance naïve de l'ado-
lescence est sans cesse trahie par de lâches
révélateurs, qui vendent, souvent en les em-
poisonnant, les innocents secrets de leurs
amis. Les proviseurs et censeurs, qui trouvent
dans cette police un moyen de suppléer à une
surveillance presque toujours insuffisante, la
favorisent volontiers et s'enrôlent même dans
ses rangs. Je présume qu'il y a de pareils co-
mités dans d'autres colléges royaux de la province; mais je ne peux répondre que des quatre cités. Seulement je sais qu'on a destitué
sans raison le vénérable abbé *Bouix*, aumônier du collége de Pau, qui avait refusé de se
prêter à l'établissement du tribunal invisible..

J'ignore si, à Paris, les aumôniers ont été plus complaisants ; je soupçonne pourtant l'abbé *Salinis* d'avoir fondé une .pareille inquisition dans le collége de Henri IV. Quoi qu'il en soit, quand ces affiliés ont fini leurs classes et viennent achever leurs études à Paris, ils font de droit partie de la *Société*. Primitivement même ils en ont formé le noyau avec les élèves des Pères de la Foi, qui envoient, non pas une fraction de sujets choisie et par là peu nombreuse, mais la presque totalité de leurs disciples ; car de tels maîtres ne font que des disciples dignes d'eux.

On puise bien plus abondamment parmi ces flots de jeunes provinciaux qui se précipitent chaque année dans la capitale, pour étudier soit en droit, soit en médecine, ou pour se former aux usages du monde. Les évêques, informés par les curés du nom des jeunes gens qui se disposent à partir pour Paris, offrent ou font offrir aux familles leur recommandation auprès de personnes respectables. Quel père, en lançant un fils plein d'inexpérience. sur ce vastre théâtre de corruption , n'aime à savoir que sa jeunesse trouvera un guide éclairé qui lui montrera les écueils des

vices, et suppléera par ses conseils à la solli-
citude paternelle? On exploite habilement ces
craintes inquiètes, et presque tous les jeunes
gens arrivent munis de lettres pour quelque
co-associé, qui les adresse aux chefs et direc-
teurs apparents des *Bonnes Études* (1). Ceux-ci
les logent dans des hôtels ou maisons particulières placées sous leur influence (2). Ils leur
vantent ensuite les avantages de la *Société*.
Ceux qui prennent les choses à la lettre, et
qui défèrent aux ordres de leurs parents, s'y
laissent affilier. Le plus grand nombre se refuse
aux suggestions. La moitié de ceux qui se laissent séduire ouvre bientôt les yeux, se lasse
de cette discipline et déserte à l'ennemi. Ce-
pendant, malgré ses pertes, la *Société* compte
toujours cinq ou six cents affiliés dont une
partie se compose de politiques, et l'autre de
niais; car il y a beaucoup d'imbéciles dans
l'illustre compagnie; mais, selon la réplique
d'un général des jésuites, les imbéciles ser-
vent à faire des saints.

______

(1) Trois avocats : *Pineau*, rue de Vaugirard; *Durand*, rue
Saint-Benoit; *Delahaye*, rue des Marais.

(2) Place de l'Estrapade, rue des Postes, rue Cassette, rue
de Vaugirard.

GRADES DE L'ORDRE.

Après que la *Société* s'est ainsi recrutée, on choisit parmi les néophytes ceux que la nature a doués de talent au-dessus du commun. De tout temps la compagnie de Jésus a montré beaucoup de perspicacité à démêler et à s'attacher les sujets distingués. Son esprit de discernement n'est pas plus affaibli que son esprit de séduction. On circonvient par toutes sortes de prévenances ceux qu'on veut attirer ; on captive leur jeune amour-propre par des louanges délicates, auxquelles on mêle d'adroites peintures des places qui peuvent être le prix de leurs talents, si les bons principes en dirigent l'usage. Leur inexpérience, enivrée de l'encens de la flatterie et bercée des rêves de l'ambition, se livre en aveugle à des guides adroits, embrasse volontairement leurs desseins, et souvent même en devient, à son insu, le docile instrument. Ces élus forment un lien entre les simples affiliés et les supérieurs ; ils sont mis par ces derniers à la tête des conférences, en reçoivent le mot d'ordre et le transmettent à la foule. Ils sont enfin, sous la houlette du berger, les dogues attentifs à la garde du troupeau.

LOCAL.

Pénétrons enfin dans l'intérieur. La *Société* occupe dans la rue des Fossés-St.-Jacques, n° 11, un vaste local composé d'une salle pour la lecture des journaux; d'une seconde salle angulaire, ayant vue sur un jardin, renfermant dans une aile la bibliothéque, et dans l'autre les tables de travail; de plusieurs autres pièces servant aux diverses conférences; enfin d'un immense amphithéâtre destiné aux assemblées du grand Sanhédrin, éclairé par deux lunettes vitrées, et surmonté d'une superbe voûte. On n'épargne pas la dépense pour chauffer et éclairer toutes ces pièces; le portier, les bibliothécaires, les gardes, etc., composent un personnel presqu'aussi nombreux que celui d'une administration.

REVENUS.

Sans doute, les fonds employés à cet établissement auraient suffi à élever dix manufactures : mais on sait que la rosée du ciel

fertilise la terre des justes, et que le dépôt de
ses eaux bienfaisantes est sur le quai des Or-
fèvres. De plus, c'est sous la grande-maîtrise
de M. *Corbière* que s'est fondée cette maison
si utile à l'instruction publique, pour laquelle
le bouquiniste breton a tant de zèle, ainsi que
le témoignent et ces nombreuses écoles qu'il
a ouvertes, et tous ces professeurs et ces illustres savants qu'il a présentés à la munifi-
cence royale. Il est à croire qu'attaché à la
Société, comme on l'est toujours au souvenir
d'une bonne action, il a prié son successeur
d'avoir quelques soins pour cet enfant si digne de son père, et que celui-ci lui prodigue
des bienfaits en secret: tant la modestie ajoute
de charmes à la bienfaisance ! Qu'il me par-
donne pourtant de déchirer le voile qui le
couvre, et de lui décerner une marque publique de la reconnaissance de tous les socié-
taires. — Il est encore une autre branche de
revenu: chaque année on lève par tête un im-
pôt qui, comme tous les autres impôts, va
toujours en augmentant; car de la somme de
20 fr., il s'est élevé à 35 fr., qui, multipliés
par 500, minimum des affiliés, produisent
17,500 fr., produit qui, comme tous les autres

produits , est plus qu'absorbé par les frais
d'entretien et d'administration , et exige toujours des crédits supplémentaires. Dans ce
siècle financier, on me pardonnera de m'être
d'abord arrêté sur les finances.

ESPRIT DE LA SOCIÉTÉ.

La *Société* est née de la Congrégation ; elle
a le même esprit et les mêmes mots de rallie-
ment : elle tend à pervertir la jeunesse, et à
l'élever dans des principes contraires à ceux
de la religion gallicane , telle que nous l'a lé-
guée l'ancienne monarchie, ainsi qu'à ceux de
la charte constitutionnelle , dont nous a dotés
la monarchie nouvelle. Tout prouve ce des-
sein si digne de la rigueur des lois ; tout, et
la composition de la bibliothéque, et les journaux, et l'esprit qui préside aux conférences ,
et les exercices mêmes de la religion.

BIBLIOTHÉQUE.

Le génie de la Congrégation a présidé à la
composition de la bibliothéque : tous les li-
vres qui prêchent le despotisme religieux et
le despotisme civil y sont soigneusement réu-

nis, tandis que tous ceux qui professent les principes de la tolérance et de la liberté en sont bannis. Les œuvres de M. *de Maistre* se trouvent à côté des œuvres de M. *de Lamennais*. Les ouvrages de M. *Ferrand* occupent le même rayon que ceux de M. *de Bonald*. Les biographies des frères *Michaud* sont voisines du dictionnaire historique du jésuite *Feller*, et les histoires de M. *Lacretelle* se montrent auprès de celles de *Vély : à quibusdam disce omnes*. Enfin les apôtres de la théocratie et de l'absolutisme, règnent sans contestation, ainsi que les organes de la calomnie ou de l'erreur. *Lamennais* exclut *Bossuet ;* *Bonald* bannit *Châteaubriand*, auteur de la Monarchie selon la charte ; *Michaud* et *Feller* chassent *Jouy, Jay, Arnault* et *Norvins. Lacretelle* ne craint pas *Thouret*, ni *Lebeau, Gibbon.* Les histoires de *Hume* ou de *Voltaire* n'y peuvent démentir personne ; et dans les collections de *mémoires*, ceux des ennemis de la ligue ou des partisans de la révolution ne figurent pas à côté de ceux des ligueurs, ou des amis de l'ancien régime. Je ne pousserai pas plus loin ce catalogue ; cette partialité en dit assez. — Guides perfides ! vous nourrissez ces jeunes esprits de doctrines empoisonnées, et vous écartez de vos victimes les préservatifs salutaires qui pourraient neutraliser ou adoucir du moins l'activité du venin dont vous les infectez !

JOURNAUX.

Le même système règne dans la salle des journaux. Le *Constitutionnel* et le *Courrier* ont perdu auprès de ce tribunal leur procès en tendance, et sont mis tous deux à un index perpétuel. Tous deux sont en effet impies et révolutionnaires, car ils veulent l'Évangile et la Charte sans commentaires, et en rejettent une édition revue et corrigée. Le *Journal des Débats* et l'*Aristarque*, quoiqu'ayant marché long-temps sous le drapeau légitime, ont été proscrits comme rénégats, depuis que le premier a osé douter des oracles du Vatican, et que le second s'est mis à faire de l'opposition contre le ministère. En revanche, on trouve sur les tables cinq ou six exemplaires du *Mémorial catholique*, et en même nombre la *Quotidienne*, la *Gazette*, l'*Étoile* et *tutti quanti*. Or, ces feuilles étant remplies d'attaques journalières contre le gouvernement constitutionnel , ou de panégyriques d'actes qu'il proscrit, n'est-il pas évident qu'on veut, en les donnant seules à lire, faire sucer à la jeunesse des maximes opposées aux institutions qui nous régissent?

CONFÉRENCES DIVERSES.

La lecture des ouvrages de théologie, de politique, d'histoire, ou celle des journaux, peut ne pas produire un effet assez prompt et assez général : les bons germes peuvent avorter dans certains esprits et fleurir trop lentement dans quelques autres. Diverses conférences, destinées à réparer cet inconvénient, sont établies sur la littérature, le droit, l'histoire, etc. Ces objets d'enseignement ne sont qu'un prétexte de revenir aux leçons générales, et que différents moules où l'on jette, sous des formes diverses, les idées prédominantes.

LITTÉRATURE.

La littérature est soumise au contrôle de l'opinion politique ou religieuse. *Boileau*, *Racine*, *Pascal*, *Bossuet*, n'ont fait que des

chefs-d'œuvre, si on excepte l'Épître sur l'a-
mour de Dieu et la peinture de la mollesse
dans l'un, l'Histoire de Port-Royal dans l'autre, les Provinciales dans le troisième, et les
Propositions de 1682 dans le dernier. Les en-
cyclopédistes sont détestables. *Montesquieu*
est un athée, car il a vanté la religion naturelle. *Voltaire* n'a rien fait de si mauvais que
la Henriade, les deux Brutus et Mahomet.
Quelques lueurs de talent brillent par intervalle dans Zaïre et Alzire, mais la religion en
est la source. *Rousseau* n'a qu'un style bour-
souflé. *Buffon* radote dans ses Époques de
la nature; on ne voit à la bibliothéque que
son Histoire des animaux. *Rousseau* et *Montesquieu* en sont complétement bannis. On n'y
trouve de *Voltaire* que ses chefs-d'œuvre dra-
matiques commentés par le frère *Lepan*. Je
ne sais dans quel sens est rédigé ce commen-
taire, car je ne l'ai jamais lu, ni personne non
plus, que je sache; il est placé à côté de deux
cents volumes de l'ami *Fréron: Pariterque ja-
centes.....* — C'est surtout dans la littérature
contemporaine que brille l'impartialité. *Fon-
tanes* et *Delille*, bons royalistes, bons poètes.
Chénier, républicain, talent nul. *Bernardin*,

enthousiaste de la Providence seulement, style néologique avec excès. *Châteaubriand*, enthousiaste des missions, style brillant et pur. *Lamartine*, *Soumet*, *Hugo*, *Guiraud*, bien pensants; leur poésie est pleine d'éclat. *Delavigne*, les *Arnault*, *Viennet*, *Jouy*, etc., bons penseurs seulement, ne font que des vers prosaïques, dont le sens saute aux yeux d'abord. Vive M. *Roger*, vive M. *Laya*, pour bien desservir les autels de *Thalie!* Mais MM. *Étienne*, *Andrieux* ne sont pas initiés à son culte. Voilà un échantillon des arrêts de la coterie: c'est à cette école que se sont formés tant d'illustres littérateurs qui feront un jour des ouvrages pleins de génie; la *Société* des *Bonnes Études* en répond.

MÉDECINE.

Dans les Conférences de médecine, on dit bien quelques mots de l'art de guérir, quelques injures à *Cabanis*, et, laissant vite le matériel de la science, on y introduit le spiritualisme. Le corps seul n'est pas malade; l'esprit est souvent affecté. Le médecin peut bien opérer sur le corps, mais il doit engager le sujet à consulter le médecin de l'ame, afin d'obtenir une guérison à la fois physique et morale. On ne dit pas si, en cas de danger, le médecin du corps doit insinuer au malade qu'il faut satisfaire aux derniers devoirs de ce monde pour entrer avec sécurité dans l'autre, et s'assurer, par le don d'une partie des biens périssables d'ici-bas, les biens éternels d'en haut; cela rentre sans doute dans les attributions du médecin de l'ame : on vante du moins le temps où l'on savait mourir, où l'on voyait arriver sa dernière heure sans crainte, parce qu'on avait acheté les prières des justes. O le bon temps! quel plaisir c'était de mourir après avoir fait un legs à l'Église! aujourd'hui on se borne à savoir vivre. *O mores!*

PHILOSOPHIE.

La conférence de philosophie est présidée par l'honorable M. *Laurentie.* Ce n'était pas des bureaux de la police que sortaient les *Platon*, les *Pythagore*, les *Aristote;* mais aussi M. *Laurentie* n'a rien de commun avec ces sages : leur doctrine n'est pas sa doctrine, et la philosophie morale des Anciens est loin d'être à la hauteur des principes de la morale

moderne qui pénètre jusque dans les coulis-
ses de l'Opéra. La connaissance d'un Dieu,
l'immortalité de l'ame, les notions du juste et
de l'injuste, les préceptes qui en sont la conséquence pour la conduite de la vie, devraient
être l'unique objet d'enseignement de ce cours:
non; les déclamations contre les philosophes
le remplissent tout entier.

J'observerai, avant d'aller plus loin, que
les discussions sur quelque point que ce soit
ne sont libres que de nom. Il n'est pas permis
de faire des objections mal sonnantes, parce
qu'on y répond par cette interpellation : « C'est
« un sophisme, une impiété ; parlez-vous sé-
« rieusement ? » On se hâte de se rétracter pour
ne pas montrer des sentiments dignes d'ex-
clusion.

Ainsi, lorsque M. *Laurentie*, pour tirer un
argument en faveur de l'existence de Dieu
du consentement unanime des nations, cherche dans toute l'antiquité des preuves que les
sages admettaient un être suprême et unique.
et qu'ensuite il dit que jusqu'à Jésus-Christ
les peuples furent tous idolâtres, on ne s
hasarde pas à objecter que peut-être le vul·
gaire adorait alors les dieux inférieurs, comme

il adore aujourd'hui les saints, et qu'après tout, la canonisation de *St.-Cucufin* le cède peut-être à l'apothéose de *Marc-Aurèle*. S'il déplore le sort de *Socrate*, martyr de la Divinité, et qu'il ajoute ensuite, qu'on doit toujours observer la religion de l'état, on se garde d'observer que, coupable seulement de mépris envers le culte public, « parmi nous, il est vrai, *Socrate* n'eût point bu la cigue, » mais il aurait eu la tête tranchée et le poignet coupé; et ce sang, jaillissant à grands flots de deux ruisseaux abondants, ne pourrait encore assouvir la soif dévorante des modernes *Anytus* (1). Traite-t-il d'athées les *Fréret*, les *Voltaire?* l'on n'ose lui dire qu'il pille les mémoires pleins d'érudition du premier, et que ses citations, qu'il retourne comme de vieux habits, sont loin de l'énergique concision de ce vers du second :

« Si Dieu n'existait pas, il faudrait l'inventer. »

Enfin cette école, qui devrait l'être de la sagesse, n'est qu'une école de calomnie contre

----

(1) Voir la brochure de M. de *Lamennais* sur la loi du sacrilège.

les morts et les vivants. On n'y apprend rien
que tout cœur bien fait n'ait gravé dans soi, et
l'on n'y recueille que des préventions contre
des philosophes dont M. *Laurentie*, en se fai-
sant l'honneur de se comparer à eux, ne devrait prononcer le nom qu'avec le plus pro-
fond respect.

HISTOIRE.

L'histoire du passé fut toujours plus ou
moins pliée aux passions du présent. Jamais
cet abus ne fut plus intolérable que dans cette
école qui reconnaît M. *Lacretelle* pour son
chef. Les annales de la Grèce et de Rome
payenne ne se prêtant pas aux exigences de
la Congrégation, on ne remonte guère au-
delà du siècle de *Constantin* ou de *Julien.* À
partir de là, les dissensions intestines qui ont
fait verser des flots de sang depuis les querelles
d'*Arius* et d'*Athanase* jusqu'à celles du siècle
de *Luther* et de *Léon X*, à peine sont remar-
quées. Les usurpations des papes, depuis qu'ils
ont envahi le môle d'*Adrien* jusqu'au temps
où ils ont vendu à d'infâmes enchères les
trônes au plus offrant, sont justifiées et même
approuvées; car Jésus-Christ a dit : « Mon

royaume n'est pas de ce monde : » donc le pape est le roi de l'univers entier. Quand on se renferme dans la France, la rapacité du clergé, qui, avant la révolution, trois fois dépouillé, avait trois fois englouti les biens de l'état, et cherche encore à ressaisir sa proie ; ce pouvoir absolu des rois qui ne consultaient que leurs caprices pour faire des lois ; ces priviléges qui rendaient les honneurs accessibles aux seules familles nobles ; enfin tous ces abus qu'on n'a pu étouffer que dans le sang de tant de victimes, et qui, d'autant plus odieux que leur destruction a coûté plus cher, ne sauraient revivre qu'au prix de calamités plus grandes encore peut-être, sont revêtus de noms honorables et loués avec exagération. Leur perte est déplorée avec amertume. On compare les misères contemporaines aux prospérités passées ; on trouve la cause de l'affaiblissement du corps social dans l'extinction de ces institutions féodales qu'on rappelle avec zèle, et après le retour desquelles on voudrait faire soupirer ces jeunes cœurs.

DROIT.

Quelque prédominantes que soient les

maximes générales de la *Société* dans les conférences dont j'ai parlé jusqu'ici, dans aucune elles ne sont professées aussi ouvertement que dans celle de droit. Comme les questions naissent sans effort de la nature du sujet, elles sont traitées avec plus de développement. Là, point de voile, point de déguisement; l'esprit de secte s'y montre à découvert et marche le front levé. MM. *Berryer fils* et *Hennequin* occupent tour-à-tour le fauteuil. Comme les élèves reçoivent de leurs professeurs des leçons sur le droit civil, on ne traite les questions de ce genre que dans les points défectueux qui rentrent dans les projets de réforme. Mais la chaire de droit politique étant supprimée, on cultive plus volontiers cette branche. Voici, entre autres exemples des principes sur lesquels on se fonde, la manière dont on a discuté l'origine du pouvoir des rois, ainsi que la décision qu'on a portée. La puissance souveraine vient de Dieu ou des hommes. Elle ne vient pas des hommes; car une nation constituée en corps d'état peut seule déférer l'autorité suprême : or elle ne forme un état que lorsqu'elle a déjà des chefs et des lois : alors, d'après le principe de la lé-

gitimité, elle n'a plus le droit de se donner de
nouveaux maîtres. Toute puissance vient donc
de Dieu ; c'est donc à Dieu seul que les rois
sont comptables des actes de leur gouvernement. Or, ne pouvant en référer immédiate-
ment à lui, il s'ensuit qu'ils ne doivent choi-
sir pour guides que ceux qui le représentent
sur la terre, et qu'un état où ils en réfèrent
au peuple (la France, par exemple,) ne s'ap-
puie pas sur sa base naturelle. Il s'ensuit encore que si les gouvernés ont empiété sur
l'autorité de leurs maîtres, et si ceux-ci, pour
rentrer dans leur pouvoir, sont forcés de faire
quelques concessions (la Charte, par exemple),
ils ne sont pas obligés-de garder leurs promesses, parce que leurs sujets n'ont pas le
droit d'en exiger l'accomplissement. En tous
cas, si un roi s'est obligé pour lui-même, il
n'a pu aliéner l'indépendance de ses succes-
seurs (Charte, art. 74). Les prétentions que
montre la Congrégation ne sont pas établies
sur d'autres principes.

Il faut que les ministres communiquent d'a-
vance leurs projets de loi aux chefs de la ligue,
ou que la ligue impose les siens aux ministres ; car les lois du sacrilége, de l'indemnité,

du droit d'aînesse, ont été proposées et dis-
cutées dans la *Société* un an avant d'être pré-
sentées aux Chambres. La loi du sacrilége a
été traitée tout-à-fait à la *Bonald*, et l'on a
décidé que les coupables seraient renvoyés
devant leur *juge naturel*. On mêla aux débats
de grandes doléances sur l'organisation actuelle des tribunaux. « Il est des délits, tels
que le sacrilége, qui offensent directement
le ciel ; ne sont-ce pas les ministres du ciel qui
doivent en être les juges ? N'est-il pas urgent,
pour ce cas comme pour bien d'autres, de ré-
tablir les juridictions ecclésiastiques ? — L'indemnité des émigrés n'a pas été restreinte :
elle doit être une réintégration dans les propriétés et la restitution des fruits, depuis
trente ans ; car le principe admis et la spolia-
tion manifeste, la conséquence est de rigueur,
et tous les nouveaux acquéreurs doivent dé-
guerpir. On n'a pas dû non plus mettre de
différence entre les biens volés ; ou plutôt on
aurait dû en mettre en faveur des biens les
plus sacrés, qui sont sans contredit ceux du
clergé : espérons donc que les lévites seront
appelés au *splendide festin.*

La loi du droit d'aînesse et des substitu-

tions a eu son tour : elle était nécessaire, selon M. *Peyronnet*, pour maintenir un certain
nombre d'électeurs : cette gasconnade était
bonne pour la chambre des députés. On a
franchement abordé la question, sous la pré-
sidence de M. *Berryer*. La loi est nécessaire
pour faire des familles puissantes, indispen-
sables au soutien du trône. En effet, le droit
d'aînesse a été introduit sous le gouvernement
féodal; donc il doit être rétabli sous le gouvernement constitutionnel. Le roi est d'autant plus puissant qu'il a plus d'autorité et ses
sujets moins; donc il faut augmenter le pouvoir des familles privilégiées. — Les argu-
ments qu'on emploie en faveur de la transla-
tion au clergé des actes de l'état civil sont de
la même force. En effet, ces actes règlent les
droits civils; donc ils doivent être rédigés par
l'autorité ecclésiastique. Ils intéressent des citoyens de toutes sortes de religions; donc les
prêtres catholiques doivent seuls en être char-
gés. Le besoin est urgent : on peut donc pré-
sumer qu'une loi sur ce sujet sera présentée
à la session prochaine, aussi bien que sur
l'instruction religieuse dont la question s'agi-
tait dernièrement.

Voilà donc les leçons qu'on donne à la jeunesse sous une charte constitutionnelle qui reconnaît l'intervention des gouvernés, garantit l'inviolabilité des propriétés nationales, et admet la liberté des cultes ! Et comme si ces principes n'étaient pas assez perfides en eux-mêmes, on met de la perfidie dans la manière de les professer; il y a, pour chaque question, un demandeur chargé de présenter le projet nouveau et d'attaquer la loi existante; on choisit un beau parleur qui sache noyer de mauvaises raisons dans un fatras de belles paroles ; au contraire, pour défendeur, pour celui qui est chargé de repousser la loi nouvelle et de défendre l'ancienne, on élit quelqu'imbécille raisonneur. Aussi la loi inconstitutionnelle détrône toujours la loi actuelle, et l'on console le vaincu par cette idée qu'il soutenait une mauvaise cause. Je souhaite que cette même idée console M. *Peyronnet* de la double défaite qu'il a éprouvée dans la chambre haute.

RELIGION.

La Société a mis de la religion partout : voyons si elle en a mis dans le temple. Chaque

affilié doit entendre, les dimanches et les fê-
tes, la messe dans sa paroisse; mais on est en-
gagé, pour assister aux vêpres, à se réunir
dans l'église souterraine de *Sainte-Geneviève*.
On prélève une taxe de dix centimes pour le
prix des chaises. On croira peut-être qu'on s'as-
semble pour élever son ame à Dieu, chanter ses
louanges avec l'accent d'un cœur pénétré, et
recevoir de ses ministres des léçons de charité
chrétienne; mais non; tout est matériel dans le
culte : à la lueur des flambeaux se mêlent les
parfums de l'encens qui remplissent l'étroite
enceinte du sanctuaire, et les sons mélodieux
d'un orgue caché derrière l'autel qui soupire
par intervalle. On se hâte de psalmodier les vêpres à haute et courante voix. Bientôt les élèves
de M. *Choron* font entendre leurs voix harmo-
nieuses et chantent des cantiques sur des airs
d'opéra-comiques. C'est là que le fameux air
du chœur des chasseurs de Robin des Bois a
été introduit pour la première fois sur ces paroles : « Chrétien diligent, etc. » Ainsi, les cé-
rémonies de notre sainte religion ne sont plus
qu'une parodie des pompes profanes du théâtre! L'esprit, distrait par des émotions si peu
religieuses, a peine à se recueillir pour rece-

voir la sainte bénédiction qui termine les vé-
pres, et ne peut s'élever à Dieu, arrêté qu'il
est par le bruit de la terre. Voilà le culte.

Voici la morale. Les orateurs habituels sont :
M. l'abbé Martin de Noirlieu, aumônier de l'é-
cole Polytechnique, M. *Salinis*, aumônier du
collége d'*Henri IV*, et l'abbé *Fayet*, mission-
naire : de même que dans les conférences profanes on a fait intervenir la religion, dans les ins-
tructions religieuses on a ramené la politique.
On prêche que les trônes de la terre doivent s'ap-
puyer dans le ciel ; que les rois ont besoin d'un
chef sacré, d'un modérateur qui calme leurs
passions et soit leur arbitre dans leurs san-
glantes querelles ; et ensuite, au lieu d'insinuer
les préceptes de morale, on dénigre le siècle
présent, on crie à l'impiété. Il est vrai que la
foule des fidèles remplit les temples, et que
les mœurs n'ont jamais été plus épurées ; mais
si l'on aimait Dieu véritablement, on ne se
contenterait pas de suivre ses lois, on obéirait
encore à celles de ses ministres. Le culte est
protégé par des lois draconiennes ; n'importe,
un jour, un prédicateur s'écria : « Mon Dieu !
jette un regard favorable sur ton église ! les
temps de *Dioclétien* sont revenus ; et, comme
les fidèles réunis dans les catacombes de Ro-

me, tes jeunes serviteurs sont forcés, pour se dérober à l'œil persécuteur de l'impiété, de t'apporter leurs hommages dans cette église souterraine!» Quelle fleur de rhétorique!

INFLUENCE EXTÉRIEURE.

Par tout ce que j'ai·dit jusqu'ici, on a pu se former une idée du régime intérieur de *la Société des bonnes études*, et apprécier la prétendue éducation religieuse et monarchique qu'elle donne à la jeunesse. Mais non contente d'inculquer aux adeptes placés sous sa main des principes pernicieux, elle sait encore étendre son pouvoir sur eux, lorsqu'ils ne sont plus sous sa surveillance immédiate, et qu'ils ont parcouru le cours de leurs études. Elle les asservit par des bienfaits; elle réalise à leur égard les promesses de fortune qu'elle leur a faites, pour qu'ils remplissent leurs engagemens de soumission et de dépendance; et, attachés à elle par une des plus nobles vertus des bons cœurs, la reconnaissance, ils restent esclaves pour ne pas devenir ingrats. Ceux à qui leur naissance permet de suivre la carrière diplomatique sont pourvus de places dans les affaires étrangères et dans les secrétariats des ambassades. Ceux qui aspirent aux honneurs lucratifs des administrations sont pourvus d'un des cinquante mille bureaux qui surchargent le sol de la France. Les places de médecin interne, dans les hôpitaux de Paris ou de province, dans les armées, les administrations, etc., celles de juges suppléants, de juges de paix, de substituts des procureurs généraux et procureurs du roi, deviennent le partage de ceux qui ont pris leur licence de droit ou leur bonnet de médecin dans la rue des Fossés-St.-Jacques. Si quelqu'un aspire au professorat, il obtient une chaire sans courir les chances d'un concours. S'en trouve-t-il dont le style soit acerbe, qui soient imposteurs et effrontés ? on reçoit leurs diatribes dans les journaux du parti. Si d'autres courent après les honneurs du théâtre, ou veulent exploiter quelqu'autre branche de l'industrie littéraire, une compagnie d'assurance leur garantit le succès, et répond, ou d'applaudissements pour leurs drames, ou de débit pour leurs opuscules. Ceci peut expliquer comment certains imberbes ont obtenu des missions diplomatiques (1), ou des direc-

____

(1) Un fils de M. *Marcellus*.

tions (1) ; certains professeurs de droit (2) ou de médecine, leur chaire ; certains auteurs (3) des succès. Au reste, ces bienfaits sont à titre onéreux, et il faut en échange propager les maximes de la Congrégation, et montrer au moindre appel une soumission pleine et entière.

CONCLUSION.

Je finis. Dans ce procès si important, pendant à la Cour Royale, j'ai joint un incident au principal. Si mon faible essai demeure à une distance incommensurable de l'éloquent réquisitoire de M. de *Montlosier*, s'il n'en retrace ni la mâle énergie ni la hauteur de vues, il peut du moins en rappeler la religieuse véracité. Puisse-t-il, à ce dernier titre, être accueilli avec quelque faveur ! ou plutôt qu'il soit de quelque utilité !

(1) Un neveu de M. *Martignac.*

(2) M. de *Portets*, à la faculté de droit de Paris.

(3) Tous les illustres dont la renommée s'étend des Invalides aux Quatre-Nations.